PINTANDO COM PALAVRAS — UMA COLEÇÃO DE POESIA

Cathy McGough

Stratford Living Publishing

Índice

Agradecimentos

Caros leitores,

Agradeço por terem escolhido ler esta coleção de poemas meus. Escrevi o meu primeiro poema, "The Beginning" (O Começo), quando estava no ensino médio. A poesia sempre foi o meu primeiro amor.

Agradeço também aos meus pais, a quem este livro é dedicado, e à minha avó, que era uma poeta talentosa.

Agradeço aos meus queridos amigos que abraçaram as minhas aspirações literárias.

E agradeço àqueles que me ajudaram a compilar este novo livro. Não teria conseguido sem vocês!

Como sempre, BOA LEITURA!

Cathy

Dedicação

Para a mãe e o pai

CASTELOS NO AR

Eu construo-te como uma torre

E depois fecho-te

Há janelas demais

É muito longe do chão.

Tu sentas-te no teu pedestal

Repelindo todas as forças

Porque me vês como uma sombra

Do divórcio da tua mãe.

E pode ser menos do que amor

E pode ser mais do que a maioria

Mas é algo que está a ficar mais forte.

Eu leio-te como um livro

As tuas páginas abrem-se

Sem um olhar ou um vislumbre

Parece que os nossos espíritos confiam

E pode ser menos do que amor

E pode ser mais do que a maioria

Mas é algo, a tornar-se mais profundo.

Pode não ser o tipo de amor

Que vai durar para sempre

Mas prefiro ter uma parte do amor

Do que não ter nada.

ISTO PARA TRAZER VOCÊ DE VOLTA

Rostos, entrando e saindo da mente

Memórias de estrelas, que brilharam

Aberturas e encerramentos

Solidões lotadas

Quem são essas pessoas?

Uma criança aparece na flor da juventude

Pressionando o rosto contra a janela

Ela se pergunta qual é a verdade

A sua atenção parece vacilar

Quando ela olha para os doces à sua volta

E se pergunta se eles são gratuitos.

Criança, a sua mãe não lhe disse

Que nada vem de graça

Tudo tem um preço

Todos têm um preço a pagar.

Rostos, sonhos de tempos antigos

Todos desvanecem-se e transformam-se em novas rimas

Enquanto seguimos os passos

Dos nossos heróis falecidos

Procurando rostos

Que não existem

DIA DE TRABALHO

Recinto sombrio

Acolchoado

Paredes roxas

Encaixotado

Prisioneiro.

Tentei ser libertado

Em liberdade condicional

Mas caí de volta

Antes que eu pudesse

Me livrar

Neste lugar

Existem máquinas

Que o convencem a

Trabalhar

Como uma máquina

E quando você se recusa

Elas o quebram

Você se quebra

"Ouça, teclado

Sem mim

Você não é nada!

Nada, eu digo!

Lembre-se disso

Ok, então. Ok."

Rato sem fios

Aproveita

A oportunidade

Para fugir

Salta e

Cai dentro

De uma caneca

Extra grande

De café.

Cozinhar a vapor

Fluindo

A GRITAR!

Pequeno fogo

Ooops!

BLUE JAYS
E
KOOKABURRAS

Não importa se não conheço o nome de todas as flores

Não importa se não conheço o nome de todos os pássaros

Ser um recém-chegado a esta terra não me impede

De elogiar com ações e palavras.

Às vezes, sinto-me quase em casa

Vagando sem rumo, sem laços com o passado

Outros dias, sinto que esta ilha é a minha alma

E pergunto-me se esta paixão irá durar.

Depois, há dias em que me sinto um traidor

Anseando por coisas que já não posso alcançar

Então, um vislumbre da bandeira da minha terra natal

Chama-me de volta mais uma vez.

Então, o que acontece quando se nasce em algum lugar?

É possível deixar esse lugar para trás completamente?

Ou é possível amar o novo e amar o antigo

No coração, assim como na mente?

Em breve, nuvens de algodão se abrirão para o meu pássaro prateado

Meu primeiro amor aguarda de braços abertos

Trilliums brancos me envolverão em seus beijos perfumados

Enquanto Blue Jays e Kookaburras colidem.

TUDO MENOS AMOR

Você me ofereceu flores

Você me ofereceu doces

Mas isso não foi suficiente.

Você me levou para passear

A lugares sofisticados

Mas isso não foi suficiente.

Você me ofereceu tudo

Que você poderia imaginar

Tudo, exceto amor

Sim, tudo, exceto amor.

Você me contou piadas

Você me fez rir

Mas isso não foi suficiente.

Você me deu tempo

Você me deu espaço

Mas isso não foi suficiente.

Você me deu tudo

Que você poderia imaginar

Tudo, menos amor

Tudo, menos amor.

Quanto tempo eu esperei por um beijo carinhoso

Por um sinal, um pedido de casamento ou um anel

Mas dia após dia, ano após ano

1 + 1 não somavam nada.

Contou-me piadas

Fez-me rir

Mas isso não foi suficiente.

Deu-me tempo

Deu-me espaço

Mas isso não foi suficiente.

Deu-me tudo

O que podia imaginar

Quando tudo o que eu queria era o seu amor

Querido, tudo o que eu realmente queria era o seu amor.

PERSONIFICAÇÃO

Girando à sua volta

Como um pião

De forma imprudente

Saltando de parede em parede

Autodestrutivo

Mas continuando a avançar

Sem parar para pensar

Ou respirar

As paredes mudam de posição

Como cenas de um filme caseiro

As cores misturam-se

Correm descontroladamente

O teto voa por cima e por baixo

E mistura-se com o chão

Como uma criança com um caleidoscópio

Mudando o enquadramento

Apreciando a minha música

Até eu relaxar

E escapar pelo teto

Para um relacionamento mais significativo.

A BONECA
DE PAPEL

A boneca de papel está presa no redemoinho do vento

Esvaziada de emoção, ela gira e gira

Rodando e rodando, como uma bailarina piruetas

Relembrando os fracassos e arrependimentos da vida.

Tentando freneticamente escapar das suas garras

Nos seus ouvidos, o vento sussurra estupro.

A boneca de papel é rasgada em pedaços

Uma mera memória do que poderia ter sido.

Ela não sente dor, pois é apenas uma criança

Ela não sente nada.

Ouça o choro das crianças enquanto elas se reviram

Nos sonhos do seu sono

Proteja-as dos redemoinhos da vida.

Corram, crianças, corram

Não há mais correntes para prendê-las.

Proteja-as dos redemoinhos da vida.

VOCÊ ACORDA ENQUANTO EU DURMO

Você acorda enquanto eu durmo

Faz as suas malas

Beija-me na bochecha

Sussurra suavemente "adeus"

Eu vejo-te partir

Embora nunca venhas a saber

Pois nos teus olhos

Eu durmo tranquilamente

Virando as costas para o teu espaço vazio

Lágrimas, soluços, pena de mim mesmo

O sono é bem-vindo

O meu espírito procura o teu

Eles brincam juntos

O nosso amor é como costumava ser

Eu sou você. Você é eu.

O sol traz a manhã

Eu estendo a mão para o seu espaço vazio

Sou envolvida pelo seu abraço

O amor trouxe-o de volta hoje

O amor trouxe-o de volta para ficar.

Você acorda enquanto eu durmo

Faz as malas

Beija-me na bochecha

Sussurra suavemente "adeus"

Eu tranco a porta. Prendo a corrente.

Esta cena nunca mais se repetirá novamente.

ALIMENTO PARA A MUSA

Venha até mim, minha bela folha

Por favor, venha para o meu abraço...

Banhe-me com as suas cores vibrantes

Voe até mim com graciosidade.

Folha, chamam-te de sem alma

Caia nos meus braços que a aguardam

Porque danças em harmonia

Enquanto o vento toca a sua Canção.

Agora, tomo-te nos meus braços e choro

Pelo sangramento das tuas veias

Cor a correr para a cor: beleza

Estes são os teus restos mortais.

Companheira crocante e tagarela

Fazendo cócegas nas solas dos sapatos

Inspiração outonal:

Alimento para a musa.

CORTINA DE NEBLINA

Através da névoa espessa

Observei um par de olhos de mármore

Sem refletir nada, eles sibilavam

Recostando-se no seu disfarce

Estrelas caíam como neve

Na sua forte percepção

Cativado pelo seu brilho

Caminhei na sua direção.

Eles eram insensíveis e vazios

Transmitindo o seu raio silencioso

Através da névoa infinita, eu vi

Que o luar havia começado a derreter

Levantei os braços para capturar a verdade

O julgamento chegou, e perdi a minha juventude.

Todas as minhas emoções foram drenadas

Pela manhã, restavam

Sob o céu claro e cinza-azulado

Dois pares de olhos de mármore.

ÚLTIMA DANÇA

Segurando a sua foto nos meus braços

Dançando juntos pelo chão

Quase como poderia ter sido

Se apenas tivesse me amado mais.

Perto o suficiente para sentir o seu batimento cardíaco

Rodopiando juntos numa nuvem imaginária

Pintando o mundo com um brilho resplandecente

Sussurrando o seu nome em voz alta.

Dançando, embora a música tenha terminado

Com lágrimas a escorrerem pelo meu rosto

Pois vi o que poderia ter sido

E perdi-o sem deixar rasto.

EU POSSO
VOAR

De pé à beira

Ventos uivantes

Mangas esvoaçantes

Sempre pronta

Precisando

Voar sozinha

Saias ondulantes

Pé esquerdo para trás

Pé direito para a frente

Equilibrada

Olhar Anjos

Ali mesmo

Cabelos cor de cobre flutuando

Lábios saboreando

Sal marinho

Absorvendo tudo

Dentro

Sabendo

Quem eu sou

Por que estou aqui

Asas

Esvoaçando

Batendo, batendo, batendo

Eu sei

Que devo

Voar.

Pois

Eu vivo

À beira

Da imaginação

Onde os pés

Não mais desejam

O chão

Eu vejo

Tudo

De uma perspectiva

Única

Eu sou um poeta

Um autor

E

Eu posso voar.

À SUPERFÍCIE

Espelho,

Você reflete-me com redundância

Escrito por todo o meu corpo

Está a incerteza cor de pele.

Espelho,

Você zomba da perfeição

Com este reflexo sem restrições

E o resultado é sempre o mesmo

Na sua moldura: eu permaneço inalterado.

Escrito entre as linhas

Disfarçado poeticamente

Características inevitáveis

Fluem de forma desarmoniosa.

Espelho: eu adiro ao que vejo

Pois eu sou você de ponta a ponta

Mas, às vezes, reflexo

Desejei que eu me assemelhasse a si.

BELÍSSIMA PEQUENA COISA

Belissima Pequena Coisa

Senta-se decorativamente

Cumprimentando todos que entram

Com a maior cordialidade.

Ela é a menina mais bonita

Que já viram

Com seus cabelos dourados

E seus olhos verdes.

Ela é uma boneca de porcelana
Que ganhou vida
Um dia ela será para algum homem
Uma esposa maravilhosa.

Belissima Pequena Coisa
Sorri angelicalmente
Cantando canções infantis
Para entreter os seus pais
Ela só fala
Quando lhe dirigem a palavra
Ela nunca pensa -
Não tem motivos para isso

Ela é tão bonita como um quadro
Que envergonharia a Mona Lisa
E esta criança de uma mulher
Joga o etiqueta da jogo.

Pequena coisa bonita

Nunca questiona a conduta dos seus pais...

Porque tudo o que ela sempre foi...

Foi um anjo

Na árvore de Natal deles.

CRUCI-FICTION

O seu corpo está preso

Na forma de uma cruz

Você está pendurado ali em desespero

Por toda a eternidade.

Eles teriam remendado

As suas mãos e pés

Mas os pregos estavam enferrujados

E as vacinas contra o tétano

Ainda não tinham sido inventadas.

Eles teriam curado

Os seus flancos

Mas quando se colocaram

Ao seu lado e olharam

Através do buraco aberto

A visão do mundo

Através da sua alma

Era de tirar o fôlego.

Eles teriam removido

A coroa

Mas as manchas de sangue

Caiam da sua testa

Formando formas

Como delicadas

Pétalas de rosa.

Movendo-me de estação em estação

Apertando o meu punho

No rosário preto

Ele se parte

Contas rolam por toda parte:

Sob os bancos

Nos corredores.

Eu ajoelho-me

Enquanto apanho cada pequena

Pétala de rosa preta

Depois recolho-as

No meu chapéu.

Lá fora

O vento apanha-as

Levantando-as

Para o céu

Corvos pretos

Voando para longe

Deixando cair cobertores

Sobre os sem-abrigo

Os crentes

Os não crentes

E eu.

RESSURREIÇÃO

À deriva no vazio

Espalhando-se como um rumor

A folha flutua rio abaixo

Presença fantasmagórica de um sonho.

Folha esmagada e quebrada

Levada pela corrente até à margem

Revestida de areia

Sem vida para sempre.

A folha seca e renasce

Levantada de um anjo pelo sopro

Gabriel toca a sua corneta

Folha após a morte.

A
PROVOCAÇÃO

Ele solicitou e eu respondi: "Não posso".

Ele solicitou e eu respondi: "Não devo".

Ele solicita todos os dias. Ele solicita todas as noites.

Ele permanece por perto, na esperança de que um dia eu possa aceitar.

Estou a adiar e apenas eu sei o motivo.

Não estou a abusar do meu poder! Não, eu não!

Porque detesto magoar o meu namorado.

Não é fácil ver um homem adulto a chorar.

Ainda assim, tenho de recusar.

Ainda assim, tenho de vê-lo a franzir o sobrolho.

Ainda assim, tenho fé que ele ficará.

(Acho que ele me ama, a propósito.)

Um dia terei a certeza.

Um dia, será a altura certa.

Vou abrir o meu coração para ele

E a escuridão vai transformar-se em luz.

Espero que todo este segredo

Não arruíne o nosso futuro. Entende:

Esta demora não é por mero acaso

Ele é como o Astaire e eu não sei dançar.THE

O INÍCIO

Sentei-me

Sob um manto de escuridão

Havia uma névoa

Que simplesmente não se dissipava.

O amor

Tinha esfriado no seu coração

Mas quando me contou

Eu estava demasiado confuso

Para perceber que estava a tentar dizer-me

A verdade.

Agora

Sozinho

À beira da floresta

Eu canto.

O meu espírito se estende

Eu canto

Até que a voz ecoa

E eu me lembro

Que essa era a "nossa música"

E a cura começa.

POR QUE EU?

O refrão toca repetidamente

Interrompendo a harmonia interna

Enquanto a fantasia com encantos descarados

Envia o meu amor para os braços de outra pessoa.

Memórias despedaçadas no chão

Vozes abafadas por carrancas recessivas

Sussurros, confusão, mas c'est la vie

Adaptando-se à tranquila realidade.

Oh, a chuva é interminável

E a brisa está sempre a enviar

As suas mensagens empáticas para mim.

Num amanhã incerto

O barulho das gotas

Perfurará os meus ouvidos com silêncio

E as lágrimas deixarão-me frio como pedra

No fim do arco-íris

A acumular o meu pote de ouro.

A ÁRVORE

Quantos anos

Quanto tempo, que idade?

Os cirurgiões das árvores ponderam,

Os botões do conhecimento desdobrar.

Buscando o amanhã

Para o deus de toda a criação

Dedos angelicais estendidos

Em motivação de madeira.

Plantar e replantar,

Formar uma visão fiel à natureza

Através do vento e da chuva

Eles são monumentalmente estruturados.

Se alguma vez Deus criou algo que precisasse de amor

Deve ser uma árvore

Pois os humanos têm apenas dois braços

Para desejar, para tocar, para orar

Mas as árvores têm ramos, que crescem a partir de ramos

Curvando-se para o vazio na da vida rondelay.

OS OLHOS
DO CÉU

Isso ocorreu no início

Antes do tempo passar pulsar uma batida

Bastante tempo antes

De ele entrar no meu sono.

Tenho a certeza de que não se lembrará

Das últimas palavras que ele disse

Antes do pastor

Declarar que o meu amor estava morto.

O meu amor falou de muitos anjos

Que estavam a vir buscar a sua alma

Ele ficou inconsciente

E finalmente perdeu o controlo.

Ajoelhei-me ao seu lado

Tentando desesperadamente não chorar

Mas as lágrimas transbordaram

E foi assim que ele se despediu:

«Não mais lágrimas, não mais lágrimas

Deus está a vir buscar a minha alma

Posso ver as estrelas a aproximarem-se

Da cama

Elas estão a cintilar e a brilhar

Dentro da minha cabeça

E o meu sonho

Está a tornar-se realidade.

Estou destinado a brilhar

E a guiá-lo.

Faça um pedido em mim

Faça um pedido em mim."

Esta noite e todas as noites

Uma cadeia de estrelas ilumina o meu caminho

Os seus olhos rejuvenescem o meu espírito

À medida que a noite se transforma em dia.

O meu amor é uma estrela no céu

À deriva nos braços do espaço

E um dia estaremos juntos

Noutro tempo e lugar.

A FASE FINAL

A luz brilha através da face das nuvens

O azul é claro nos seus olhos translúcidos

As chuvas não podem cegar este abraço celestial

As lágrimas não podem manchar este rosto cristalizado.

Não suporte a dor, não feche a mente

Lágrimas estão a cair, deixando-me cego

Mas sempre posso inspirar-me em si, no amor.

Se por acaso o seu balão for libertado do cativeiro

Não culpe o destino ou a destino

Alcançar a sua bolha pode fazê-la estourar

Estourar a sua bolha seria um erro fatal

Pois até as nuvens têm inveja dos acorrentados

Eles são livres demais, viajando não ordenado.

Trace a fotografia delineada para a criança

O destino procura os humildes e os mansos

Preencha os rostos vazios com algumas frases esquecidas

Duplique e prossiga.

CANÇÃO DO MAR

Era fácil naquela época

Vagar

Sem rumo

Sem preocupações

Ou qualquer coisa

Que questionasse a sua existência

Ou quebrasse a sua bolha.

Mas então

eu cheguei

E tudo ao seu redor

Parecia ser falso

E injusto

E você se sentiu diferente

E tentou me moldar

Para que eu

Me encaixasse no seu lugar

Mas não era para ser

Era muito difícil

Encontrar um caminho

Que nos mantivesse juntos

Quando ambos estávamos caminhando

Sobre gelo fino.

Um poderia ir

Um poderia ficar

Era fácil naquela época

Antes de você me deixar afundar

Pela terceira vez.

O PINTOR QUE NUNCA SERIA

Cores chamavam

Por ele

Na noite

Artrítico

Instável

Velho

Incerto

Ele tentou

Em vão

Criar

Uma obra-prima

Para viver

Depois que ele se fosse

Em vez disso

Mundos colidiram

O mar e o céu se misturaram

A senhora sorridente chorou

Desajeitado

Tropeçando

Escorregando na

Paleta

Tinta

Corpo

Um.

Pincel

Pintor

Um.

O sol nasceu

em paz e serenidade

Enquanto ele caminhava

em direção

À beira

da montanha.

Ele fluiu

do pincel

Para os braços abertos

Do mar

Onde se tornou

O pintor que nunca seria.

PÔR DO SOL BELÍSSIMO

Pôr do sol belíssimo

Descendo para saudar o mar

Pai celestial

Estendendo a mão para os livres

Imagens vivas,

Agarrando a eternidade

Cores dançando

Caminhos sinuosos

Indo sabe-se lá para onde

Nuvens giratórias

Cobiçadas pelo vento

Diamantes ressonantes

Cantando a noite toda

Silhuetas escuras

O luar do jardim

Todos são reticentes

Calmos e serenos

Este é o milagre

O milagre da natureza.

Os momentos passam

Os dias passam

Os anos passam

E ainda assim sonha a sua vida

Por que deve sonhar

Quando a natureza o chama para vir brincar?

RAPAZES
COM
BRINQUEDOS

Quando o mundo está a desmoronar-se

E todos nós procuramos uma resposta para superar

Ouvindo os rapazes ameaçarem com os seus brinquedos

Brinquedos que poderiam aniquilar tanto a mim como a si.

Eu permaneço aos pés do rio que corre

Ansiando por uma voz, uma voz de bom senso

Os braços do vento abraçam-me com tanta força

Enquanto eu estremeço com a impotência do homem.

A história deu ao mundo homens e mulheres

Líderes que usaram canetas em vez de espadas

Grandes escritores que não tiveram medo de se manifestar

Para registrar o que era certo.

Dickens, Longfellow, Emerson e Thoreau,

Eram homens de paz que falavam por todos

Onde estão os líderes, os poetas de hoje?

É a eles que estou a fazer este apelo.

Pois os líderes do mundo estão em crise

Temo pelo futuro - não pelo meu, mas pelo do meu filho

Precisamos de alguém que se levante para assumir o controlo

Em vez de rapazes com pistolas armas e.

Quem são vocês, poetas de hoje?

Onde estão, ouçam os meus gritos!

Falem agora ou calem-se para sempre

Este poeta aguarda ansiosamente as vossas réplicas.

UM DAQUELES DIAS

Já teve um daqueles dias?

Sabe aqueles

Em que nenhum e-mail chega

E já respondeu a todos de ontem

E deseja receber correspondência

Mas a caixa de correio está vazia

Exceto por um folheto da Pizza Hut.

Já teve um daqueles dias?

Sabe aqueles

Em que o passado simplesmente não desaparece

E nem o pequeno-almoço

O almoço ou o jantar

E continua esperando ser resgatado

mas não sabe de quê.

Já teve um daqueles dias?

Sabe, aqueles em que

uma pega no varal

observa-o, como um amigo há muito perdido

alguém que conheceu uma vez, um espírito na sua vida

tentando passar uma mensagem

e você se pergunta quem a enviou.

Já teve um daqueles dias?

Sabe aqueles

Em que alguém o ultrapassa no trânsito

E você quer dar uma bronca na pessoa

Mas decide não fazer isso porque a vida é muito curta

Além disso, pode ser alguém que você conhece

A decepção espreita por trás do vidro escuro.

Já teve um daqueles dias?

Sabe aqueles

Quando a página permanece em branco

E o seu único desejo é preenchê-la

Mas a sua mente permanece confusa

Hoje estou a ter um daqueles dias

Já teve um daqueles dias?

A ARTE DE SER PAIS

As crianças são o espelho da sua vida.

O que elas sabem, o que aprendem vem de si.

Preocupa-se com a sua base, isso causa-lhe conflitos.

Porque tudo o que os seus pais lhe ensinaram foi o que NÃO fazer.

Por favor, lembre-se de que as crianças vivem cada momento...

Clique-clique-clique fazem as câmaras nas suas mentes.

Para elas, a vida é uma loja de doces onde os dias são passados

a abrir embalagens, a fazer escolhas de todos os tipos.

Deus dá aos pais uma tela em branco: uma criança.

Quando pinta, o amor incondicional transparece

A conexão arco-íris da parentalidade - elas para si.

A vida é curta, o seu tempo é bem gasto

Aperfeiçoando a arte de ser pai ou mãe.

STEAMY

Meu amor e meu milagre, meu, todo meu

Como alterou a minha existência

A sua vida e a minha vida estão entrelaçadas

Diariamente demonstra a sua generosidade

Cheio até à borda e ansioso por partir

Eu pressiono os seus botões, esse é o meu desejo

Por 45 minutos, rápido, mais rápido, depois devagar

O vapor sobe, sobe, sobe cada vez mais alto

Você fica em silêncio então, em todo o seu esplendor

A cada dia eu amo-te mais e mais.

Em todo este mundo, é você que eu prefiro

Não há nada como uma boa máquina de lavar louça.

A MÃO GELADA DO TEMPO

A mão gelada

Do tempo

Rouba areia

Do meu filho.

Ele dorme agora

Tranquilamente

Inocentemente

Pacíficamente

Às vezes ele

Vira-se para mim

E chora

Ou geme

De dor

No seu sono

Ele estende a mão

Eu acaricio

Não nos tocamos

Unimo-nos

Em espírito.

Frequentemente

Eu me pergunto

Se ele sabe

Que a

A ampulheta

Está cheia

Com a sua

Força vital

E está

A descer

Em tempo duplo.

Eu rezo

Para que um dia

Ele volte

Para casa

Para que um dia

Eu possa abraçar

O meu filho

Por enquanto

Este caixão de vidro

É tudo o que ele conhece.

CANÇÃO DE OUTONO

As folhas estalam sob os meus pés

Um estalo, um crepitar na minha mente

Subindo, descendo - as solas beijam o chão

Memórias rodopiando sem parar.

As folhas eram perfumadas e almiscaradas

Empilhámo-las até ao céu - bem alto -

A palha de uma menina da cidade. Saltámos gritando "Geronimo!"

Eram tão macias como neve virgem.

O outono tomou-nos nos seus braços e abraçou-nos com carinho.

Sazonalmente. Éramos crianças do outono.

Ganhámos vida - quando as folhas começaram a cair

Os nossos espíritos decifraram o chamado da Mãe Natureza.

As folhas estão a acumular-se à minha porta, à espera

As minhas irmãs e irmãos vieram visitar-me

O espírito do outono levanta-me da cadeira de rodas

Todos dançamos juntos na feira eterna do outono.

O CÍRCULO: UMA TRILOGIA

UMA MENSAGEM PARA O MEU FILHO QUE AINDA NÃO NASCEU

Filho, meu filho

Protegido do mundo

Seguro dentro do meu ventre.

Filho, meu filho

Sem ver e sem saber

O estado de destruição do mundo.

Filho, meu filho

Tu és eu.

Eu sou tua mãe.

Filho, meu filho

Eu sou tu.

Eu vou amar-te como ninguém mais.

Filho, meu filho

Paz. Reze pela paz.

O tempo não cura todas as mágoas.

Filho, meu filho

Paz. Reze pela paz.

Você é a esperança para todos os amanhãs.

Filho, meu filho

Coração batendo, membros se formando

Você ainda não nasceu, o inocente.

Filho, meu filho

Você é a minha esperança para o futuro

Você é o futuro, para todos.

O CÍRCULO: UMA TRILOGIA

BOA NOITE, PEQUENO

O céu não está longe

É para lá que ele foi brincar

Dançando sobre uma nuvem tão leve

Deslumbrando a todos enquanto voa.

O pequeno espírito que vivia em mim

Agora a sua alma foi libertada

O meu ventre está vazio, ele já não está presente

E, no entanto, não sou mais a mesma pessoa.

Vendo-o, sem vida, preso a mim

O fim da vida apenas começou.

Rendendo-me, criança que já não é minha

No céu, eternamente divina.

O CÍRCULO: UMA TRILOGIA

PEQUENOS ANJOS

Silêncio.

Ouça.

Eu ouço-os a cantar.

Ouça.

Consegue ouvi-los também?

Ouça.

As vozes deles

estão a encher o meu coração.

Está tão cheio

que receio

que possa rebentar

dentro de mim.

Ouça.

Pare o que está a fazer e

Ouça.

Confie em mim.

Ele está lá com eles.

Ouça

Com todo o seu coração e alma.

Ouça...

Shhhhhhhhhh.

A ORAÇÃO
DO
CASAMENTO

Quando a foto na moldura racha

E os votos de casamento escapam da mente

Quando apenas as memórias permanecem

E lágrimas de infelicidade o deixam cego.

Então talvez deva afastar-se

Virar as costas para tudo o que conhece

Talvez seja a hora, já tentou de tudo

E ainda assim sente-se um pouco vazio.

Antes de partir e fazer as malas

Converse com a pessoa que ama, procure-a

Abra o seu coração, a sua alma para ela

E talvez possam resolver tudo

Muitas vezes desistimos e partimos

Quando pensamos que fizemos o nosso melhor

Se o amor existia, ele pode crescer novamente.

Mesmo depois de um breve descanso.

Não estou a defender que se permaneça numa relação abusiva

Nesse caso, deve partir para outros horizontes

Mas se você acha que seu relacionamento tem valor

Então deixe seu coração guiar você e siga-o.

Pois o mundo é solitário e frio

Sem alguém com quem você possa compartilhar

E lembre-se de que você está envelhecendo

E alguém ao seu lado se importa com você.

Então recomece, tire o romance da prateleira

Dê vida a um relacionamento que está estagnado

Você não vai se arrepender, faça isso por você!

O amor verdadeiro nunca pode falhar.

IDEAL DE BELEZA

A beleza nunca acalma

Aqueles que choram

A beleza nunca aquece

Uma despedida fria

Quando o coração está a sangrar

O ego precisa ser alimentado

E a beleza não é um álibi

Pois nunca acalma

Aqueles que choram.

Quando se está apaixonado

A beleza está em toda parte

Quando se está desapaixonado

A única beleza está no desespero.

PAI E FILHO

O pai ensina o filho a ser um homem

O filho ensina o pai a ser criança novamente

Juntos, eles caminham de mãos dadas

Observá-los é algo grandioso para mim.

Os dois são mágicos quando brincam

Assistindo Thunderbirds no sábado

O pai se preocupa: será que ele pode ser o homem?

O filho idealiza: com certeza ele pode.

Pois o seu filho vê que ele é forte e caloroso

E que o protegerá de todo o mal

Não o desapontaria por nada neste mundo

O pai amava-o muito antes do seu nascimento

O pai ensina o filho a tornar-se um homem

É assim que tem sido desde o início dos tempos.

FUGAZ

E eu passarei

Por si como uma brisa

E não tocarei

Nem deixarei vestígios

De que estive presente

Apenas o doce aroma

De margaridas e trevos.

NÃO SE ESQUEÇA DE MIM, CRIANÇA

Não se esqueça de mim, criança

Do campo dourado

Deixe-as cair

E a mensagem será revelada

Não utilize as suas pétalas

Para esconder as lágrimas

Não se proteja

Dos seus sorrisos sarcásticos

Pois a sua beleza é grande demais

Para ser escondida

Não se esqueça de mim, criança

Do campo dourado.

MÃOS

Mãos

Devemos valorizar

Mãos

Para segurar

Para alcançar

Muito frias

Para ensinar

Mãos

Movendo-se sobre páginas

Sobre corpos

Carícias inocentes

Mãos

Seguradas

Promessas quebradas

Dedos

Agora livres

Caixas

Cheias de

Círculos quebrados

Mãos

Devemos valorizar

Mãos

Vazias

Mãos

Enrugadas

Mãos

Alcançando

Mãos

Ideias fluem

Destas mãos

Sempre valorizadas

São as mãos

De um artista.

ELE ME AMA

não me ama

Cresceu uma flor

Era nova e primaveril

Eu colhi a flor

Para ver se o nosso amor era verdadeiro

Arranquei as suas pétalas

E rasguei-a toda

Enquanto a imagem se desenvolvia

No meu coração esperançoso.

Ali, na relva aveludada

A flor morta permaneceu

E, como rainha de copas

Eu choveu.

IGNORAMOUS

Perdi-te no amanhã

Um ontem que não passou

Fechei os olhos com tristeza

E antes que um momento se passasse

O amor desapareceu, e tu com ele

Nunca teria imaginado

Que isso pudesse acontecer a alguém como eu

O mínimo que podias ter feito

Era despedir-te de mim adequadamente!

APLIQUE
UM
CURATIVO

Coloquei um curativo no seu quebra-cabeça

Depois que as suas peças se espalharam por toda parte

Fui o seu colete salva-vidas

Quando naufragou no mar.

Consertei o seu coração partido

Destruído além do reparo

Puxei-o para cima, levantei-o

Das profundezas do desespero.

Agora estou escondido nesta casa na árvore da imaginação
Procurando bondade e orientação
Perguntando a ninguém, quem vai me consertar?
Perguntando ao ar, como isso pode ser?

Fiz de si a minha missão, a minha boa ação do dia
Tirei toda a sua tristeza
Em troca, rasgou o meu coração em dois
Agora sinto como se estivesse a usar sapatos de cimento
E estou perdido num vazio lotado
Vagando, procurando o que não consigo encontrar
Perguntando a ninguém, quem irá me consertar?
Perguntando ao ar, como isso pode ser?
Perguntando, sem nunca saber
Por quê?

SE EU PUDESSE...

Se eu pudesse

Voltar atrás no tempo

Eu faria de si minha

Para toda a eternidade

Você foi o meu guarda-chuva

Num dia chuvoso

Quando sorriu

Todos os meus problemas desapareceram

Eu vivi e respirei

Por si.

Você sussurrou as suas doces palavras

De amor no meu coração

E eu tornei-me forte

E especial

E livre

Tudo porque

Você me amou

E o sol brilhou

Quando me tornei um contigo.

Mas como uma melodia

O teu amor

Desapareceu

E tudo o que restou

Foi a repetição constante

De uma música que continua a tocar

Repetidamente

E não sai

Da minha mente.

Se eu pudesse voltar atrás

No tempo

Faria de ti minha

Para toda a eternidade

Para toda a

Eternidade.

ESPELHO, ESPELHO

Espelho, espelho

Na parede

Você me segurará

Se eu cair?

Espelho, espelho

O que você fará

Se os pedaços se quebrarem

E a escuridão tomar conta de você?

Espelho, espelho

Na parede

Você pode me dizer por que

O meu reflexo é tão pequeno?

MÚSICOS DE ÓRGÃO

Rastejando

Pelo corredor sombrio

Púrpura pútrida

Verde horrível

Sentindo o fedor

De carne morta a apodrecer

Carne humana

A morrer

Obsceno.

Vendo a velha

Sentada na sanita

O jovem morto

Mas ainda a respirar

Em ritmo

Com o som

Do gotejar.

E através da janela

Do barco do amor

Um homem é massacrado

Enquanto um macaco

Salta para as suas costas

E alguém

Vestido de branco

Atira uma única moeda

Para o seu chapéu.

REFLEXÕES NUMA POÇA DE LAMA

Olhos verdes avelã

Visão narcisista

De um palácio subaquático

Pensativo

Mas vazio

Dizendo muito

Sobre si mesmo

Para si mesmo

O reflexo

Não se assemelha inteiramente

Ao seu observador.

Nas profundezas

Das águas turvas

Protegido de

Falhas, dor

E memórias

Transformando

O pavimento líquido

Numa careta

Refletindo um sorriso.

ACORRENTADOS JUNTOS

A água cai

Da minha boca

Para o seu balde

Pétalas de rosa

Já foram

Peneiradas

Processo de derretimento

Divisão necessária

Razões

As mesmas

Instalação do medo

Chega antes

Da recepção

Do soro da verdade

Os ritos batismais

Finalmente parecem relevantes

Mas a voz que afasta

Combinação

Une e depois divide

Separação inevitável

Parece que temos estado

Acorrentados

Juntos aqui

Por toda a vida

Mas você apenas disse o seu nome

Eu ouço você

Gritar

Na noite

Mas não consigo alcançá-lo

O abismo é

Grande demais.

SINAL DOS TEMPOS

Algo está a tornar-me louco

Está a deixar-me à beira de um ataque de nervos

Algo tão insuportável

Que eu poderia até desistir deste amigo.

Veja, ele está sempre a tagarelar

Falando sem parar, 24 horas por dia, 7 dias por semana

Não importa se estamos sozinhos

Ou a fazer compras no 7-11.

Onde quer que vamos, isso acontece

E a atenção dele se desvia de mim

Ele vai para outro mundo

E eu estou com ele, mas me sinto sozinha.

Eu fico querendo dizer CHEGA

Não consigo mais, não aguento mais isso.

Tem de escolher, quem será?

Seria eu quem sairia pela porta.

Veja, sou um monstro de olhos verdes

Uma vadia ciumenta que merece ficar sozinha

Sei quando estou derrotada, simplesmente não consigo competir

Com O toque do telemóvel dele.

A RESPOSTA

Você usa uma máscara

O tempo todo

Não consigo ver você

Disfarçar não é crime

Meu coração solitário

Continua me dizendo

Que você poderia ser

A resposta.

Você usa uma máscara

Preta e azul

Você está perdido

Em um tom de Halloween

Eu espero

Com expectativa

Você simplesmente não consegue ver

Que você poderia ser

A resposta.

Se eu lhe pedisse

Para removê-la

Para me mostrar

Quem está por trás dela?

Você riria?

E me provocaria

Sabendo que

Eu devo estar solitário?

Eu estou diante de você

Querendo conhecê-lo

Ainda assim você não consegue ver

Que você poderia ser

A resposta.

MORTE DE UM FLOCO DE NEVE

O floco de neve transformou-se numa lágrima

Morreu instantaneamente

Nunca emitiu nenhum som

Eles caem do céu

Na forma de estrelas

E não conseguem sobreviver

Quando o sol ganha vida.

Água, água por toda a parte

Pisamos nelas sem nos importarmos

Nada existia e nada existirá

Não lamente o destino.

O PASSADO

Voando como um abutre

Por cima do meu ombro

Sorrindo

Sem parar

Afundando

Quando necessário

Frequentemente

Parecendo ser

Um amigo

Vulnerável

Eu sou

Tu és

Um inimigo

Pare de espreitar

Eu não estou pronto

Sai de cima de mim

Arrastando-me

Para baixo

Deixa para lá

O passado.

O NÃO DITO

Um belo nascer do sol

No meu coração

Um espectro de cores

Uma arte magnífica

A minha mente repousa

No seu ombro

Olhos castanhos sobre azuis

Tudo o que eu sou

Eu sou, para si.

SEBGIRA DA MELANCIA

Eu era um pássaro

Outrora

Mas não apreciava a liberdade

Quando percebi até onde

Podia voar

Sem me cansar

Num assento de avião

Desejei ser uma

Pessoa

Elas pareciam

Fortes e lógicas

E eu admirava como

Elas tentavam

Melhorar

Enquanto eu girava em círculos

Levada pelas rajadas

E observava os meus filhotes

Morrerem de fome

Na primavera.

E foi assim que

me tornei

uma senhora da melancia

Plantando e semeando

Colhendo e vendendo

Dormindo

Metade do dia

Trabalhando por uma ninharia

E vendo os meus filhos

Passarem fome o ano todo.

Eu era um pássaro

Outrora

E não apreciava

A liberdade

E agora é isso

Que desejo ser

Em vez de uma

Senhora da melancia.

Sim, eu era um pássaro

Outrora

Mas não gostava

Da liberdade.

A relva é sempre mais verde

A relva é sempre mais verde

É o que dizem sempre

Prefiro ser um pássaro novamente

Em vez de ser uma senhora das melancias.

SEM CORAÇÃO

Para levá-lo

Para

A palma

Da minha

Mão e deixar o seu

Coração

Escorrer pelos meus

Dedos como

Areia

Misturando-se com

As outras abominações
Na praia.

Para colocá-lo
Dentro de um
Envelope,
Selá-lo e
Então enviá-lo
Para algum
País devastado pela guerra
C.O.D.
Sem endereço de retorno.

Para colocá-lo
Em exposição
Numa caixa
De vidro
E cobrar
Por visualização
Enquanto todos

Cutucam

Você com paus.

Então eu

Resgataria você

Capturando seu coração

Apenas para

Esmagá-lo novamente.

PASSANDO POR CIMA

Como um pedaço de papel a arder no fogo

Como o ódio a transformar-se em desejo

Como um rio sem motivo para dizer a verdade

Perdi a minha juventude.

Agora estou velho e grisalho

A minha beleza desapareceu com as rugas

E muitos sonhos foram perdidos

Tudo à custa.

Agora caminho pelo meu jardim

Enquanto um vale de violetas me atrai

A sua fragrância guia-me

A natureza e eu nunca fomos tão fortes.

Olhando com os olhos nus para o céu

Vejo um arco-íris a traçar o seu caminho

À minha volta, gotas de chuva cantam

A relva esmeralda brilha.

A minha alma anseia sem arrependimentos

Rumo ao céu como o aço a um íman

Parecem fontes sussurrantes

A serenata da minha jornada: Sonhos doces.

LEVADO MUITO CEDO

(ESCRITO APÓS OUVIR A NOTÍCIA DO ASSASSINATO DE John Lennon)

E quando eu não conseguia mais me levantar

SUAS PERNAS tornaram-se minhas.

E quando eu não conseguia mais chorar

SUAS LÁGRIMAS tornaram-se minhas.

E quando eu não conseguia mais me encontrar

SUA IDENTIDADE tornou-se minha.

E quando eu não conseguia mais acreditar

SEU PROPÓSITO tornou-se meu.

E quando eu não conseguia mais falar

SUAS PALAVRAS tornaram-se minhas.

E quando eu não conseguia mais viver

Sua morte TORNOU-SE MINHA.

SUSSURRO

Sussurro, sussurro, estou a sussurrar

Este segredo é meu, somente meu

Somente eu posso fazer o meu coração cantar

Não importa a gentileza que você traga

O meu espírito busca um sinal diferente

Sussurro, sussurro, estou a sussurrar

Às vezes, uma lição é dolorosa

Às vezes, você é colocado na linha

Somente eu posso fazer o meu coração cantar

Acorrentado pelo seu anel de ouro

Na sua zona de conforto, você reclina-se

Sussurro, sussurro, estou a sussurrar

A minha alma deseja voar em asas douradas

Lá em cima, o mundo será meu

Somente eu posso fazer o meu coração cantar

E, no entanto, não revelo nada

Pois o desconhecido pode ser sublime

Sussurro, sussurro, estou a sussurrar

Somente eu posso fazer o meu coração cantar.

SCARAMOUCHE

A sua imagem

Sem substância

É emoldurada

Por fragmentos desnecessários

Da sua alma.

Fragmentos

Que outrora sangraram

Com uma luta

Agora são oferecidos livremente

Refletindo

O desprezo por si mesmo.

CORO

Não permitamos

Que o vento

O derrube

Vamos reconstruir

Onde a realidade

Abriu as comportas

Vamos torná-lo

Completo novamente

Vamos dar-lhe

Um propósito.

Scaramouche é revelado

A verdade não pode ser escondida.

CORO

Não permitamos

Que o vento

O derrube

Vamos reconstruir

Onde a realidade

Abriu as comportas

Vamos torná-lo

Completo novamente

Vamos dar-lhe

Um propósito.

CAMINHANDO PELO CAMINHO

Caminhando pelo caminho

Para o Taj Mahal

A sociedade estava a construir árvores

Preparando-se para a queda.

As capelas abriram os seus braços

Para o novo mundo em oração

Costumavam procurar a palavra

De um adivinho sooth-sayer.

Então os espelhos observaram os olhos
Que estavam cegos demais para ver
O nascimento e a origem
Da criatividade.

Hoje, um pintor pinta uma cascata
E ninguém lhe pergunta porquê
Porque compreendemos que é tudo
Para um espírito no céu.

É o novo milénio
Onde as traduções são gratuitas
Partilhamos as nossas vidas online
Criando uma sensação de falsa comunidade.

Todos nascemos cidadãos
Nas asas de uma pomba
A resposta sempre foi nossa

Numa palavra, é amor.

BARREIRA

Barreira separadora

Paredes respirantes

Resíduos de formaldeído

Envenenando mentes

Com fragmentos

Salvador

Kaiser

De todos os pães

Barreira divisória.

Derreta o ar

Com palavras

De encorajamento

Nuvens em forma de cogumelo

Não são para consumo humano

Por que romper

Quando se pode

Derrubar?

Reflexões de uma

Prostituta perturbada

Lendo uma passagem bíblica

Examinando os dias restantes

Da sua vida

Cafetão

Do universo

Palavras voam

Como um morcego no vale

Da morte

Batendo as asas

Preso por um

Mal-entendido

Deturpação

Derreta o ar, derreta.

Barreira

Separando

Derreta com

Palavras de encorajamento

Dividindo um

Um no mesmo.

Eu flutuo

De um pensamento para outro

Não importa

Ninguém sabe

E o tempo é infinito

Mas escorre

E nada é feito

E as memórias apenas me acorrentam

Nesta futilidade

Ainda mais.

Alguém está a gritar

(ou sou eu?)

Diga-lhes para se calarem

(por que estou a gritar?)

Um pássaro está a cantar

Na minha janela

Concentro toda a energia da minha vida

Nele

E quando ele voa

Assim vai o meu espírito

Para o azul infinito

Que eu antes

Considerava garantido.

PEQUENO MAL-ENTENDIDO

Jogando a cautela ao vento

O jovem retirou a sua arma

O homem atrás do balcão tremeu

O rapaz prometeu que não faria mal a ninguém.

A criança fugiu para a rua

Como uma única nuvem no céu

Ele nunca sentiu a agonia da derrota

Agora ouvia o som das sirenes

Porque um polícia que acabara de sair do serviço

Atingiu-o em legítima defesa

Cortando o mal pela raiz, corajosamente

Mais uma morte no mar de violência

O seu distintivo brilhava ao sol

Não havia pulso no rapaz

Cuidadosamente, o cavaleiro levantou a arma

Era apenas um brinquedo de criança.

MACBETH

Quando desce da sua montanha

Para o meu computador à beira-mar

Serei um processador de dados; números.

Ouça o meu teclado

Bloqueando a realidade

Música de cliques

Sem necessidade de identidade

Odiava o seu chefe

Aproveitou o momento

Iniciou uma revolta

Agora está sentado

No trono dele

Enviando GICs

Para pessoas carentes que são pagas

Para bater o ponto pontualmente

À beira-mar

Irá caçar

O que

Não sei

Mas quando encontrar

Sabe onde estarei

Processando dados

À beira-mar.

TALVEZ

Talvez

A sinfonia

Esteja a tocar

Muito alto

Lágrimas

Estão a formar-se

Nos meus olhos

Ouço

Um coro a cantar

Na minha mente

Há uma letra

A ser cantada

Mas as palavras

Ainda não

Foram escritas

Talvez

A minha imaginação

Esteja a pregar

Partidas

Em mim novamente

Você está

A fazer-me uma serenata

Com uma

Sinfonia

Não há palavras

E, no entanto

As palavras

Reverberam

Na minha mente.

SIFÃO

Um padre levantará o colarinho

Para se esconder do que existe

Uma lâmina no frio cortará

Para drenar pulsos sangrando

Um tigre atacará o coração

Rasgando o samaritano

Ninguém disse que era bom

Ninguém me disse que era

Mas era muito bom

Disto estou absolutamente certo.

Agora voa para o espaço

Respirando sobre o vidro

A geada paralisa o seu rosto

O cérebro amputa o passado

Diga ao mundo inteiro

Porque eles querem saber

Diga-lhes como vendeu a sua alma

Por veneno numa agulha.

CARTAS SEM RESPOSTA

Escrevi-lhe

Porque o sol brilhava

Nesta mente chuvosa

Sempre que me lembrava do seu sorriso.

Escrevi-lhe

Porque sentia a sua falta

Sentia falta do seu riso

E, acima de tudo, do seu toque gentil.

Escrevi-lhe

Porque você segurava o meu coração

Na palma da sua mão

E eu acreditava

Que não importava a distância que nos separava

Você estaria sempre aqui comigo

E eu com você.

Escrevi-lhe

Pedindo toda a eternidade

Mas ela já tinha acabado

E as cartas derreteram antes que eu pudesse enviá-las

Nunca lhe escrevi.

BORBOLETA

Borboleta monarca

Eleva-se no ar

Pára momentaneamente

E depois levanta-se sem preocupação.

As suas cores fluem livremente

Como tinta numa tela

As suas asas abraçam o céu

Com serenidade casual:

Beleza em movimento.

Dançando sobre uma flor

Com extrema delicadeza

Inconscientemente, exibe

A sua superioridade

Piscando como uma bailarina

Ela sobe em direção ao céu

Anseio por ser tão livre quanto

A borboleta monarca.

EVOLUÇÃO

Flocos de neve a cair na calha do beiral

Sussurrando mensagens aos viajantes lá em baixo

Pentes sempre verdes afastam os flocos

Cobrindo a terra com um manto de neve

Era uma noite fria no final de dezembro

Um momento que eu preferia não recordar

Quando anjos caíram nesta mesma terra

Enviados pelo mestre para determinar o nosso valor

Imagens purificadoras refletidas na piscina

Eles alimentaram e vestiram todos os tolos

Dançamos até que todas as estrelas caíssem

E as árvores herdaram uma coroa dourada

O tempo passou e mais sonhos foram tecidos

Os anjos pintaram sorrisos em todos

Até que todo o valor brilhou e se tornou resplandecente

Brilhando com o poder de uma luz celestial

Cantamos em voz alta, uma igreja, uma canção

E os não crentes se juntaram para nos fortalecer

Quando o Senhor reuniu as almas, algumas não foram chamadas

Elas nasceram na natureza e um novo mundo evoluiu.

O MUNDO EM SESSENTA SEGUNDOS

(DEPENDENDO DA VELOCIDADE COM QUE VOCÊ LÊ)

Pé na boca

Língua no sapato

Satélite

TV também

Harry Potter

Bem-vindo de volta, Kotter

Preso numa distorção temporal

Sem lugar para ir

Assistindo a uma luta mortal

Golpe a golpe

Música ambiente no elevador

Drogados chapados de crack

Rolling Stones

Kate Moss

Pregando Brian

Na cruz

Comboios colidem

Computadores travam

Alta tecnologia

Star Trek

Reanimação boca a boca

Discriminação total

Juíza Judy

Viver para trabalhar

Tutti Frutti

Trabalhar para viver

Cego demais para ver

É preciso ver para acreditar

Cristianismo no rap

Expondo a virgindade

Teletubbies informados

Lamentando o fim do programa Seinfeld

Flores Flores

Kensington Park

Joana d'Arc

Lábios que queimam

Dentes que sorriem

Crianças nascidas

Livres do pecado

Camada de ozono

Matador de dragões

T-Rex

Mesmo sexo

Sexo vende

Conversando ao telemóvel

Batendo as asas

Voando pelos céus

Apanhando ondas

Batatas fritas do Mickey D's

Wal-mart

Coração a coração

Caminhando na lua

Mostrando o rabo para estranhos

Fora da frigideira

Também correu

Dançarina dança

Vestida de graça

Ninguém parece notar

Exceto o imperador e eu.

GOSPELAMER

A aranha rastejou em direção

Ao céu azul claro

Girando numa teia nublada

Que levou anos para ser cumprir.

Quando quase chegava ao seu destino

A velha e grisalha aranha

Sem pensar na situação

Tecê-la mais ampla.

Girando de forma muito descuidada

Para alguém na sua idade de ouro

O anjo chamado imortalidade

Tomou nota da sua página

Ele ficou preso à teia

O destino ameaçou a sua obra-prima

Então, por um milagre, choveu

E ele escorregou para a sua libertação

Choveu por quarenta dias e noites

Parecia que não havia nenhum vestígio ou marca

Apenas uma aranha velha e grisalha

Tecendo o seu caminho para a Arca de Noé.

Sobre Cathy

Cathy McGough é uma autora canadiana cuja obra abrange literatura infantil,

ficção para jovens adultos, ficção literária, thrillers psicológicos, poesia, contos e não ficção.

Ela reside e escreve em Ontário, Canadá, com a sua família.

Também por:

FICÇÃO

O SEGREDO DO RIBBY

13 CONTOS

FICÇÃO PARA JOVENS ADULTOS

E-Z DICKENS SUPER-HERÓI LIVROS 1 E 2 ANJO TATOO: OS TRÊS (12+)

E-Z DICKENS SUPER-HERÓI LIVRO 3 SALA VERMELHA (12+)

E-Z DICKENS SUPER-HERÓI LIVRO 4 SOBRE O GELO (12+)

UM ESTADO MATEMÁTICO DE GRACE LIVROS 1 E 2 SÉRIE COMPLETA (15+)

+ Livros infantis.